# Ensaladas Cetogénicas

*Guía de recetas saludables de los médicos para conseguir por fin El poder de los hábitos saludables. Consigue perder peso siguiendo esta excelente guía de la dieta cetogénica (Spanish Version)*

**Laura Massy**

# Tabla de contenido

INTRODUCCIÓN ............................................................................. 8
   VENTAJAS DE LA DIETA CETOGÉNICA ............................................. 9
   DESVENTAJAS DE LA DIETA CETOGÉNICA ..................................... 10

CAPÍTULO 1. ¿QUÉ ALIMENTOS SE INCLUYEN EN EL MENÚ SEMANAL DE LA DIETA CETOGÉNICA? ............................................ 12
   CARNE ............................................................................................. 12
   PESCADO ........................................................................................ 13
   VERDURAS ..................................................................................... 13
   FRUTAS Y DULCES ........................................................................ 13

CAPÍTULO 2. TIPOS DE DIETAS CETOGÉNICAS ........................ 15

CAPÍTULO 3. EL DÍA TÍPICO DE UN MENÚ SEMANAL BASADO EN LA DIETA CETOGÉNICA ............................................................. 17
   DESAYUNO .................................................................................... 17
   ALMUERZO Y CENA ...................................................................... 18
   SNACKS FUERA DE LAS COMIDAS .............................................. 18

CAPÍTULO 4. ¿QUÉ COMER EN UNA DIETA CETOGÉNICA? ... 19

CAPÍTULO 5. VERDURAS Y DIETA CETOGÉNICA ................... 22

CAPÍTULO 6: ENSALADAS CETOGÉNICAS ................................ 25
   SÁNDWICHES DE ENSALADA ..................................................... 25
   ENSALADA DE CALABACÍN ......................................................... 27
   ENSALADA DE HUEVO ................................................................. 29
   ENSALADA GRIEGA ...................................................................... 31
   ENSALADA NIÇOISE ..................................................................... 33
   ENSALADA ANTIPASTO ............................................................... 36
   ENSALADA DE TOMATE ASADO ................................................. 38
   ENSALADA DE COL ...................................................................... 40
   ENSALADA CÉSAR CETOGÉNICA ............................................... 42
   ENSALADA PICANTE DE CAMARONES .................................... 45
   ENSALADA DE OLIVIEH BAJA EN CARBOHIDRATOS ............. 48

ENSALADA DE ARÁNDANOS Y COL RIZADA .................................................................. 50
ENSALADA CETOGÉNICA DE CUÑA ............................................................................... 52
ENSALADA CETOGÉNICA DE HAMBURGUESA CON QUESO ................................. 55
ENSALADA CETOGÉNICA DE TACOS CON ADEREZO DE SALSA Y GUACAMOLE 58
ENSALADA DE REMOLACHA AMARILLA CON ANCHOAS ...................................... 62
ENSALADA TIBIA DE COL RIZADA CETOGÉNICA ....................................................... 64
ENSALADA EN UN TARRO ................................................................................................. 66
ENSALADA CETOGÉNICA DE POLLO BLT ..................................................................... 68
ENSALADA CETOGÉNICA DE TERNERA ASIÁTICA .................................................... 70
ENSALADA DE MARISCOS CON AGUACATE ............................................................... 73
ENSALADA DE POLLO CETO VENEZOLANA ............................................................... 75
ENSALADA CETOGÉNICA DE COLIFLOR Y "PAPA" ..................................................... 77
ENSALADA CETOGÉNICA DE ATÚN CON ALCAPARRAS ........................................ 80
ENSALADA CETOGÉNICA DE CALABACÍN Y NUECES .............................................. 82
ENSALADA DE COL ROJA ORIENTAL BAJA EN CARBOHIDRATOS ....................... 85
POLLO COCIDO A FUEGO LENTO CON ENSALADA DE BRÓCOLI ....................... 87
ENSALADA DE BERENJENAS A LA PLANCHA CON MOZZARELLA ..................... 89
ENSALADA DE BRÓCOLI CON ENELDO FRESCO ...................................................... 91
ENSALADA SUECA DE CAMARONES CON ENELDO ................................................ 93
CARNE ASADA CON ENSALADA DE AGUACATE ..................................................... 95
ENSALADA SAGANAKI CON SALSA DE MENTA ........................................................ 98
ATÚN A LA PLANCHA CON ENSALADA RAITA ........................................................ 100
ENSALADA DE ESPÁRRAGOS BAJA EN CARBOHIDRATOS CON NUECES ......... 102
ENSALADA DE ESPÁRRAGOS, HUEVO Y TOCINO ................................................... 104
ENSALADA CETOGÉNICA DE POLLO CON PESTO Y FIDEOS DE CALABACÍN ... 106
ENSALADA DE POLLO CAJÚN CON GUACAMOLE ................................................. 108
ENSALADA CETOGÉNICA DE ATÚN Y AGUACATE ................................................ 111
ENSALADA CRUJIENTE DE COLES DE BRUSELAS CON LIMÓN ........................... 113
ENSALADA DE HINOJO ASADO Y GUISANTES DE NIEVE ..................................... 116
ENSALADA CETOGÉNICA DE AGUACATE, TOCINO Y QUESO DE CABRA ........ 118
ENSALADA CETOGÉNICA DE ATÚN CON HUEVOS DUROS ................................ 120

## © Copyright 2021 de Laura Massy

### Todos los derechos reservados

El trabajo contenido en este documento se ha producido con la intención de proporcionar información y conocimientos relevantes sobre el tema descrito en el título únicamente con fines de entretenimiento. Si bien el autor ha hecho todo lo posible para proporcionar información actualizada y veraz, no se pueden hacer afirmaciones en cuanto a su exactitud o validez, ya que el autor no ha afirmado ser un experto en este tema. No obstante, se solicita al lector que haga su propia investigación y consulte a cualquier experto en la materia que considere necesario para garantizar la calidad y precisión del material aquí presentado.

Esta declaración es legalmente vinculante según lo considere el Comité de la Asociación de Editores y la Asociación de Abogados de Estados Unidos para el territorio de los Estados Unidos. Otras jurisdicciones pueden aplicar sus propios estatutos legales. Cualquier reproducción, transmisión o copia de este material contenido en este trabajo sin el consentimiento expreso por escrito del titular de los derechos de autor se considerará una violación de los derechos de autor según la legislación vigente en la fecha de publicación y el tiempo posterior a partir de entonces. Todos los trabajos adicionales derivados de este material pueden ser reclamados por el titular de estos derechos de autor.

Los datos, representaciones, eventos, descripciones y cualquier otra información que se presente de inmediato se consideran verdaderos, justos y precisos, a menos que el trabajo se describa expresamente como un trabajo de ficción.

Independientemente de la naturaleza de este trabajo, el editor está exento de cualquier responsabilidad por las acciones tomadas por el lector en relación con este trabajo. El editor reconoce que el lector actúa por su propia cuenta y libera al autor y al editor de cualquier responsabilidad por el cumplimiento de los consejos, sugerencias, estrategias y técnicas que se pueden ofrecer en este volumen.

# Introducción

La dieta cetogénica es una estrategia nutricional basada en la reducción de carbohidratos en la dieta (generalmente por debajo de 40-50g por día), que "obliga" al cuerpo a producir de manera autónoma la glucosa necesaria para la supervivencia y a incrementar el consumo energético de las grasas contenidas en el tejido adiposo.

La dieta cetogénica significa "dieta que produce cuerpos cetónicos" (acetona, acetoacetato y 3-hidroxibutirato) residuos metabólicos de la producción de energía.

La palabra cetosis indica un mecanismo por el cual nuestro cuerpo entra en un estado de hipoglucemia, de modo que utilizaremos el exceso de reservas de grasa como fuente de energía disponible.

La pérdida de peso será particularmente rápida, especialmente si la dieta es baja en calorías y si se realiza actividad física regular.

Además, los cuerpos cetónicos producidos tienen un fuerte poder anoréxico (saciante).

La dieta cetogénica al ser un esquema dietético terapéutico no sigue los cánones del esquema mediterráneo, las grasas representan el 70% de las calorías, las proteínas el 15-20% y los carbohidratos (que en la dieta mediterránea representan la mayoría) solo el 5%.

Los alimentos que se permiten libremente son carnes y embutidos, pescado, huevos, queso y frutos secos.

Los alimentos prohibidos son todos aquellos que contienen azúcares o carbohidratos en general, como pan, pasta, arroz, cebada y cereales en general, patatas, leche de vaca, frutas con alto contenido en azúcares y obviamente todas las formas de azúcares simples.

Se deben desaconsejar las legumbres, pero ocasionalmente se pueden insertar pequeñas porciones controladas.

Las verduras también deben elegirse con cuidado; las que se pueden comer libremente son todas las verduras de hoja, remolacha, brócoli, cardos, coliflores, repollo, pepinos, nabos, flores de calabaza, hinojo, pimientos verdes, rábano, apio, espinaca y calabacín.

Se debe consumir con precaución espárragos, alcachofas, coles de Bruselas, cebolletas, judías verdes, berenjenas, pimientos amarillos y rojos, tomates, puerros, nabos y zapallo amarillo.

## Ventajas de la dieta cetogénica

Facilita la pérdida de peso; muy útil en personas con obesidad severa o que necesitan adelgazar en preparación para la cirugía.

Mantiene la glucemia e insulinemia constantes, tiene efectos positivos sobre la colesterolemia, aumenta el consumo de grasas para obtener energía, tiene un efecto anoréxico, por lo que se siente menos sensación de hambre, típico de sujetos "a dieta".

Además, es muy útil en fase de "delineación" en sujetos que practican deporte.

Puede ser útil para contrastar los síntomas de algunas patologías, en particular epilepsia, Alzheimer, Parkinson, esclerosis lateral amiotrófica (ELA).

## Desventajas de la dieta cetogénica

La dieta cetogénica también puede presentar varios inconvenientes, la mayoría de los cuales dependen de los niveles de cuerpos cetónicos presentes en la sangre y potencialmente controlables, como el aumento de la filtración renal (aumento de la carga renal) y la diuresis. Por este motivo, no se recomienda para quienes padecen enfermedad renal y, en cualquier caso, se recomienda encarecidamente beber mucha agua, ya que aumenta la deshidratación, provocando hipotensión.

**Posible hipoglucemia**

Muchos sujetos pueden desarrollar diferentes molestias como fatiga (principalmente en los primeros días), mareos, náuseas leves, irritabilidad, dolor de cabeza, calambres musculares, estreñimiento y palpitaciones cardíacas.

Este tipo de dieta no se recomienda en sujetos afectados por trastornos alimentarios (DCA), diabéticos tipo 1, mujeres embarazadas y lactantes y en aquellos que ya padecen enfermedades hepáticas y/o renales.

Aunque no presenta efectos negativos sobre la salud, la dieta cetogénica no es apta para todos y no debe seguirse por períodos prolongados, salvo en determinadas circunstancias, como en el tratamiento de enfermedades neurodegenerativas.

Un protocolo cetogénico siempre debe seguirse con la ayuda de un especialista, nunca debe hacerse como un "hágalo usted mismo".

# Capítulo 1. ¿Qué alimentos se incluyen en el menú semanal de la dieta cetogénica?

Si optas por seguir un régimen cetogénico es necesario eliminar o reducir los alimentos ricos en almidón. ¿Cuáles son? Pasta, pan, pizza, arroz, patatas, legumbres y dulces elaborados con harina. Es necesario, por supuesto, limitar el consumo de azúcar y miel.

Entre los aceites vegetales, es importante optar por el aceite de oliva virgen extra y el aceite de coco, mientras que es necesario eliminar todas las grasas hidrogenadas. En este último sentido, acostúmbrate a leer las etiquetas de los alimentos.

Veamos juntos qué alimentos elegir:

## Carne

Si sigues un esquema basado en la dieta cetogénica, puedes llevar a la mesa cualquier tipo de carne porque cada una está compuesta por diferentes aminoácidos.

Elige carne de animales de corral que se alimentan de pasto: por lo general, la carne de oveja o cabra corresponde más a esta característica.

En cuanto al pollo y los huevos, si es posible, busca un proveedor de confianza y asegúrate de que los animales se críen en la naturaleza.

## Pescado

El pescado es un alimento que nunca debe faltar en tu mesa, pues la calidad de sus proteínas es excelente, además de ser rico en Omega 3.

Opta por el pescado capturado y no el pescado de piscifactoría, y presta especial atención a la forma en que se conserva.

## Verduras

Puedes comer verduras sin limitaciones, especialmente las menos azucaradas: las verduras son ricas en fibra, vitaminas y minerales, sobre todo antioxidantes.

También en este caso, selecciona cuidadosamente lo que compras. Elige verduras de temporada y no cultivadas en invernaderos.

## Frutas y dulces

La fruta nunca debe faltar en ningún esquema semanal o menú de comida, y mucho menos en uno cetogénico. También en este caso, selecciona las de temporada y limítate a comer una fruta por comida.

Si decides continuar con la dieta cetogénica incluso después de haber alcanzado tu peso ideal, puedes permitirte un postre por semana. Evidentemente, ¡evita elegir los elaborados con harina! Las excepciones son las tortas elaboradas con harinas alternativas, como almendras o coco.

No podrás elegir tartas, galletas, brioches y similares, pero puedes optar por postres de cuchara como natillas, tiramisú y panne cotte.

# Capítulo 2. Tipos de dietas cetogénicas

Mucha gente pregunta si se necesitan carbohidratos para desarrollar músculo. Por supuesto que no. Si estás haciendo esta pregunta, supongo que sabes cómo ganar masa.

Tus reservas de glucógeno aún se pueden rellenar durante una dieta cetogénica. Una dieta cetogénica es una excelente manera de desarrollar músculo, pero la ingesta de proteínas es crucial aquí. El desgaste muscular puede ser más lento con una dieta cetogénica, pero eso se debe a que la grasa corporal total no aumenta tanto.

Si por alguna razón también tienes que subir de peso, puedes lograr tus objetivos a través de diferentes tipos de dietas cetogénicas. Estos son:

**Dieta cetogénica estándar (SKD):** esta es la dieta cetogénica clásica que todos conocen y hacen. Es el "pan y la mantequilla" de este libro.

**Dieta cetogénica dirigida (TKD):** esta es una variación en la que comesla SKD, pero ingieres una pequeña cantidad de carbohidratos de rápida digestión antes de un entrenamiento.

**Dieta cetogénica cíclica (CKD):** esta es una variación de la ceto para culturistas y asistentes a la competencia, que generalmente ofrece un día a la semana para repostar y reponer las reservas de glucógeno.

Si entrenas intensamente, entonces una TKD o CKD podría ser la ideal para ti.

# Capítulo 3. El día típico de un menú semanal basado en la dieta cetogénica

## Desayuno

Para cumplir con un esquema basado en la dieta cetogénica, en primer lugar, debes abandonar el habitual desayuno salado.

El desayuno no es una excepción: debe ser a base de proteínas y garantizar una buena ingesta de grasas saludables.

El desayuno perfecto podría estar representado por huevos revueltos, rollitos de salmón y queso, o una o dos rodajas de aguacate acompañadas de un yogur.

Este tipo de desayuno te mantendrá lleno hasta la hora del almuerzo y asegurará que tu cuerpo obtenga la cantidad correcta de nutrientes sin aumentar tus niveles de azúcar en la sangre.

Si tomas café y quieres seguir una dieta cetogénica y el menú semanal que te propongo, te recomiendo agregar una cdta. aceite de coco.

En este sentido, existen alimentos específicos que ayudan a mantener el estado de cetosis y estimulan el funcionamiento del metabolismo: el aceite de coco es uno de ellos.

Mi recomendación a la hora de adquirirlo es optar por un aceite virgen, que sea ecológico y prensado en frío.

## Almuerzo y cena

En un patrón cetogénico semanal, el almuerzo y la cena son similares y, por lo tanto, son intercambiables.

Cada comida debe estar basada en proteínas y debe estar compuesta por aproximadamente 150-200 g alimentos como queso, carne o pescado. Después, verduras en cantidad y, al final, una fruta no azucarada.

## Snacks fuera de las comidas

Si has seguido las indicaciones relacionadas con el desayuno y las comidas principales, no debes sentir las punzadas de hambre durante la mañana o la tarde.

En cualquier caso, si sientes la necesidad de comer algo fuera de una comida y quieres seguir la dieta cetogénica, puedes recurrir a un puñado de semillas oleaginosas, un pequeño trozo de queso, un huevo pasado por agua o una loncha de aguacate.

# Capítulo 4. ¿Qué comer en una dieta cetogénica?

Para comenzar una dieta cetogénica, querrás planificar con anticipación. Esto significa tener una dieta viable lista y esperando. Lo que comes depende de la rapidez con la que desees entrar en un estado cetogénico (cetosis). Cuanto más restrictiva sea la ingesta de carbohidratos (menos de 25 g carbohidratos netos por día), más rápido entrarás en cetosis. Debes mantener tus carbohidratos limitados, provenientes principalmente de verduras, nueces y lácteos. No comas carbohidratos refinados como trigo (pan, pasta, cereal), almidón (papas, frijoles, legumbres) o frutas. Las pequeñas excepciones a esto son los aguacates, carambola y bayas que se pueden comer con moderación.

**No comas:**

**Granos:** trigo, maíz, arroz, cereales, etc.

**Azúcar:** miel, agave, jarabe de arce, etc.

**Frutas:** manzanas, plátanos, naranjas, etc.

**Tubérculos:** patatas, taters, etc.

**Come:**

**Carnes:** pescado, ternera, cordero, aves, huevos, etc.

**Vegetales de hojas verdes:** espinacas, col rizada, etc.

**Verduras sobre el suelo:** brócoli, coliflor, etc.

**Productos lácteos con alto contenido de Grasa:** quesos duros, crema con alto contenido de grasa, mantequilla, etc.

**Nueces y semillas:** macadamias, nueces, semillas de girasol, etc.

**Aguacates y bayas:** frambuesas, moras y otras bayas de bajo índice glucémico

**Edulcorantes:** estevia, eritritol, monje y otros edulcorantes bajos en carbohidratos.

**Otras grasas:** aceite de coco, aderezo para ensaladas alto en grasas, grasas saturadas, etc.

Trata de recordar que la dieta cetogénica es rica en grasas, moderada en proteínas y muy baja en carbohidratos. La ingesta de nutrientes debe ser de aproximadamente un 70% de grasas, un 25% de proteínas y un 5% de carbohidratos.

Por lo general, se recomiendan entre 20-30 g carbohidratos netos para una dieta diaria, pero cuanto más bajo mantengas tu ingesta de carbohidratos y niveles de glucosa, mejores serán tus resultados generales. Si estásusando la ceto para bajar de peso, es una buena idea realizar un seguimiento de tus carbohidratos totales y netos.

La proteína siempre debe consumirse según sea necesario con grasa en el resto de las calorías del día.

Podrías preguntar, "¿Qué es un carbohidrato neto?" ¡Es realmente simple! Los carbohidratos netos son los carbohidratos dietéticos totales menos la fibra total. Recomiendo mantener los carbohidratos totales por debajo de

35 g y los carbohidratos netos por debajo de 25 g (idealmente, por debajo de 20 g).

Si tienes hambre durante el día, puedes picar nueces, semillas, queso o mantequilla de almendras para frenar tu apetito (aunque comer bocadillos puede ralentizar el progreso a largo plazo).

# Capítulo 5. Verduras y dieta cetogénica

Las verduras de hojas verdes oscuras son siempre la mejor opción. La mayoría de tus comidas deben ser una proteína con vegetales y un lado extra de grasa. Muslos de pollo bañados en aceite de oliva con brócoli y queso. Bistec cubierto con mantequilla de maní y una guarnición de espinacas salteadas en aceite de oliva.

Si todavía estás confundido acerca de lo que es un carbohidrato neto, no te preocupes, lo explicaré con más detalle. Por ejemplo, digamos que quieres comer un poco de brócoli (1 taza); una de mis verduras cetogénicas favoritas:

- Hay un total de 6 g carbohidratos en 1 taza.
- También hay 2 g fibra en 1 taza.
- Entonces, tomemos los 6 g (carbohidratos totales) y restemos los 2 g (fibra dietética).
- Esto nos dará nuestros carbohidratos netos de 4 g.

Aquí hay una lista de las verduras bajas en carbohidratos más comunes:

| Vegetales | Cantidad | Carbohidratos netos |
|---|---|---|
| Espinaca (cruda) | 1/2 taza | 0.1 |
| Bok choi (crudo) | 1/2 taza | 0.2 |
| Lechuga (romana) | 1/2 taza | 0.2 |
| Coliflor al vapor | 1/2 taza | 0.9 |
| Repollo (verde crudo) | 1/2 taza | 1.1 |
| Coliflor (cruda) | 1/2 taza | 1.4 |
| Brócoli (floretes) | 1/2 taza | 2 |
| Coles verdes | 1/2 taza | 2 |
| Kale (al vapor) | 1/2 taza | 2.1 |
| Judías verdes (al vapor) | 1/2 taza | 2.9 |

# Capítulo 6: Ensaladas cetogénicas

## Sándwiches de ensalada

Porciones: 1
Carbohidratos netos: 5 g 4%
Proteína: 11 g 9%
Grasa: 44 g 86%
Total: 14 g
Calorías: 472

Ingredientes:

- 2 oz lechuga romana o lechuga baby gem
- 2 cdas. mayonesa
- 1 oz (4 cdas.) queso edam u otro queso de su agrado

- 1/2 (3 1/2oz) aguacate, rebanado
- 4 (2 1/2oz) tomates cherry, en rodajas

Instrucciones:

1. Enjuaga bien la lechuga y úsala como base para las coberturas.
2. Unta mantequilla o mayonesa sobre las hojas de lechuga y cubre con capas de queso, aguacate y tomate. ¡Disfruta!

# Ensalada de calabacín

Porciones: 6
Carbohidratos netos:4 g 5%
Proteína: 3 g 3%
Grasa: 32 g 91%
Total: 6 g
Calorías: 312

Ingredientes:

- 2 lb calabacín
- 2 cdas. mantequilla o aceite de oliva
- Sal y pimienta
- 3 oz (3/4 taza) tallos de apio, finamente cortados
- 2 oz (9 cdas.) cebolletas picadas
- 1 taza de mayonesa

- 2 cdas. cebollino fresco, finamente picado
- 1/2cda. mostaza de Dijon

Instrucciones:

1. Pela y corta el calabacín en trozos de aproximadamente 1/2in (1-1,5 cm) de grosor. Usa una cuchara para quitar las semillas. Coloca en un colador y agregasal. Deja actuar durante 5-10 minutos y luego retira con cuidado el agua.

2. Fríe los cubos en mantequilla durante un par de minutos a fuego medio. No deben dorarse, solo suavizarse un poco. Deja enfriar.

3. Mezcla los otros ingredientes en un tazón grande y agrega el calabacín una vez que esté frío.

# Ensalada de huevo

Porciones: 4
Carbohidratos netos:6 g 5%
Proteína: 9 g 7%
Grasa: 52 g 88%
Total: 9 g
Calorías: 531

Ingredientes:

- 1 1/2 lb calabacín
- 2 cdas. mantequilla o aceite de oliva
- 1 taza de mayonesa
- 4 huevos duros, picados
- 1/2 (2 1/2oz) pimiento verde, sin semillas
- 3 oz (3/4 taza) tallos de apio, en rodajas finas

- 3 oz pepinillos

- 2 oz (9 cdas.) cebolletas finamente picadas

- 3 cdas. jalapeños en escabeche

- 2 cdas. cebollino fresco finamente picado

- 1/2 cda. mostaza de Dijon

- Sal y pimienta

Instrucciones:

1. Pela y corta el calabacín en trozos de aproximadamente 1/2in (1-1,5 cm) de grosor. Usa una cuchara para quitar las semillas. Coloca en un colador y agrega sal. Deja actuar durante 5-10 minutos y luego retira con cuidado el agua.

2. Fríe los cubos en mantequilla durante un par de minutos a fuego medio. No deben dorarse, solo suavizarse un poco. Deja enfriar.

3. Mezcla los demás ingredientes en un tazón grande y agrega el calabacín una vez que esté frío.

4. Sirve como guarnición en tu próxima barbacoa.

# Ensalada griega

Porciones: 2
Carbohidratos netos:15 g 10%
Proteína: 17 g 11%
Grasa: 51 g 78%
Total: 19 g
Calorías: 590

Ingredientes:

- 3 (12 oz) tomates maduros
- 1/2 (51/3oz) pepino
- 1/2 (2 oz) cebolla morada
- 1/2 (2 1/2oz) pimiento verde
- 7 oz queso feta
- 10 aceitunas griegas negras
- 1/4 taza de aceite de oliva

- 1/2 cda. vinagre de vino tinto
- Sal y pimienta
- 2 cdtas. orégano seco

Instrucciones:

1. Corta los tomates y el pepino en trozos pequeños. Corta finamente el pimiento morrón y la cebolla. Dispón en una fuente para servir o, si es posible, coloca la ensalada en platos de ensalada individuales.
2. Agrega queso feta y aceitunas, y rocía aceite de oliva y vinagre sobre la ensalada.
3. Sazona con sal y pimienta al gusto. Espolvorea con orégano desmenuzado y sirve.

# Ensalada Niçoise

Porciones: 2
Carbohidratos netos:10 g 6%
Proteína: 52 g 28%
Grasa: 55 g 66%
Total: 15 g
Calorías: 759

Ingredientes:

- 2 huevos
- 2 oz nabo
- 5 oz judías verdes frescas
- 2 cdas. aceite de oliva
- 1 diente de ajo finamente picado (opcional)
- 5 oz lechuga baby gem o lechuga romana
- 2 oz tomates cherry

- 1/2 (2 oz) cebolla morada
- 12 oz atún en agua
- 2 oz (7 cdas.) aceitunas
- Sal y pimienta

Aderezo:

- 1/2 cda. mostaza de Dijon
- 2 cdas. alcaparras pequeñas
- 1/2 oz anchoas
- 1/3 taza de agua
- 1/3 taza de mayonesa
- 1 cda. perejil fresco
- 1 cda. jugo de limón, el jugo
- 1 diente de ajo picado (opcional)

Instrucciones:

1. Mezcla todos los ingredientes para el aderezo con una batidora o una licuadora de inmersión hasta que estén completamente combinados y cremosos. Reserva.

2. Hierve los huevos a tu gusto, blandos o duros. Colócalos inmediatamente en agua helada cuando estén listos para que sean más fáciles de pelar. Córtalos en gajos.

3. Lava y pela los nabos. Córtalos en trozos de 1/2"(1,5 cm). Lava y recorta las judías verdes y cocina ambos durante 5 minutos en agua ligeramente salada. Usa cacerolas separadas. Enjuaga con agua fría cuando esté listo.

4. Coloca una sartén a fuego medio-alto y fríe las judías verdes en mantequilla o aceite de oliva. Agrega el ajo finamente picado. Condimenta con sal y pimienta.

5. Coloca la lechuga en un plato para servir o en platos individuales. Agrega los tomates, la cebolla, el atún escurrido, los huevos, los frijoles, las aceitunas y el nabo. Sirve con aderezo a un lado.

# Ensalada antipasto

Porciones: 2
Carbohidratos netos:13 g 6%
Proteína: 38 g 19%
Grasa: 65 g 74%
Total: 22 g
Calorías: 822

Ingredientes:

Ensalada:

- 10 ozlechuga romana, picada en trozos

- 2 cdas. perejil fresco picado

- 5 oz (1 1/4 tazas) queso mozzarella fresco, cortado en trozos pequeños

- 3 ozjamón de Parma, prosciutto, cortado en rodajas finas

- 3 oz salami, en rodajas finas
- 5 oz alcachofas enlatadas en agua, escurridas y en cuartos
- 3 oz pimientos rojos asados enlatados, escurridos
- 1 oz (4 cdas.) tomates secados al sol en aceite, colados y picados
- 1 oz (3 1/3 cdas.) aceitunas, enteras y sin hueso o en rodajas
- 1/3 taza (1/2 oz) de albahaca fresca
- 1 ají rojo, finamente picado
- 1/2 cda. sal marina
- 4 cdas. aceite de oliva

Instrucciones:

1. Pica o corta la lechuga en trozos más pequeños. Distribuye en platos o en una fuente grande. Agrega el perejil.
2. Coloca los ingredientes del antipasto encima.
3. En un mortero o tazón pequeño, agrega la albahaca, el chile finamente picado y la sal. Tritura con una cuchara de madera o utiliza el mortero. Espolvorea sobre la ensalada y agrega las aceitunas.

# Ensalada de tomate asado

Porciones: 4
Carbohidratos netos:4 g 13%
Proteína: 1 g 4%
Grasa: 10 g 82%
Total: 6 g
Calorías: 114

Ingredientes:

- 3 cdas. aceite de oliva
- 1 lb tomates cherry
- 1 cdta. sal marina
- 1/2cdta. pimienta negra molida
- 1/2 taza (1 3/4oz) de cebolletas finamente picadas
- 1 cda. vinagre de vino tinto

Instrucciones:

1. Unta los tomates con aceite para cubrirlos y espolvorea con especias.

2. Cocina a la parrilla, utilizando un accesorio vegetal especial, o en el horno hasta que los tomates se hayan dorado un poco.

3. Si usas el horno, hornea a 450 °F (225 °C) durante unos 15 minutos. Revuelve y apaga el horno, pero deja que los tomates se horneen un poco más, unos 10 minutos más.

4. Coloca en un plato y espolvoree las cebolletas picadas encima. Rocía con vinagre y el resto del aceite de oliva. Deja reposar para que los sabores se mezclen; sirve la ensalada tibia o fría.

# Ensalada de col

Porciones: 4
Carbohidratos netos:3 g 5%
Proteína: 1 g 2%
Grasa: 21 g 93%
Total: 4 g
Calorías: 208

Ingredientes:

- 1/2 lb col verde
- 1/2 limón, el jugo
- 1 cdta. sal
- 1/2 taza de mayonesa o mayonesa vegana
- 1 pizca de semillas de hinojo (opcional)
- 1 pizca de pimienta
- 1 cda. mostaza de Dijon

Instrucciones:

1. Retira el corazón y tritura el repollo con un procesador de alimentos, una mandolina o una cortadora de queso afilada.

2. Coloca el repollo en un tazón mediano.

3. Agrega sal y jugo de limón.

4. Revuelve y deja reposar durante 10 minutos para que el repollo se marchite un poco. Desecha el exceso de líquido.

5. Mezcla el repollo, la mayonesa y la mostaza.

6. Sazona al gusto.

# Ensalada César cetogénica

Porciones: 2
Carbohidratos netos:5 g 2%
Proteína: 64 g 24%
Grasa: 87 g 74%
Total: 8 g
Calorías: 1076

Ingredientes:

Aderezo:

- 1/2 taza de mayonesa
- 1 cda. mostaza de Dijon
- 1/2 limón, ralladura y jugo
- 1/4 de taza (2/3 oz) de queso parmesano rallado y rallado
- 2 cdas. filetes de anchoas finamente picados

- 1 diente de ajo, prensado o picado finamente
- Sal y pimienta

Ensalada:

- 12 oz pechugas de pollo con hueso y piel
- Sal y pimienta
- 1 cda. aceite de oliva
- 3 oz tocino
- 7 ozlechuga romana picada
- 1/2 taza (1 1/3oz) de queso parmesano rallado

Instrucciones:

1. Precalienta el horno a 350 °F (175 °C).
2. Mezcla los ingredientes para el aderezo con un batidor o una licuadora de inmersión. Reserva en el frigorífico.
3. Coloca las pechugas de pollo en una fuente para hornear engrasada.
4. Sazona el pollo con sal y pimienta y rocía aceite de oliva o mantequilla derretida encima. Hornea el pollo durante unos 20 minutos o hasta que esté completamente cocido. También puedes cocinar el pollo en la estufa si lo prefieres.
5. Fríe el tocino hasta que esté crujiente. Coloca la lechuga como base en dos platos. Cubre con el pollo en rodajas y el tocino crujiente y desmenuzado.

6. Termina con una generosa cda. aderezo y una buena ralladura de queso parmesano.

# Ensalada picante de camarones

Porciones: 2

Carbohidratos netos:9 g 4%

Proteína: 26 g 12%

Grasa: 79 g 83%

Total: 25 g

Calorías: 871

Ingredientes:

- 2 (14 oz) aguacates
- 1/2 jugo de lima
- 5 oz pepino
- 2 oz (2 tazas) espinacas tiernas
- 3 cdas. aceite de oliva, para freír

- 1 diente de ajo, prensado
- 2 cdtas. chile en polvo o sambal oelek
- 10 oz camarones pelados
- Cilantro fresco, para servir
- 2 cdas. avellanas o maní salado (opcional)

Aderezo de jengibre:

- 1/4 de taza de aceite de oliva ligero o aceite de aguacate
- 1 cda. jengibre fresco picado
- 1/2 jugo de lima
- 1/2 cda. salsa de soja tamari
- 1/2 diente de ajo, prensado
- Sal y pimienta al gusto

Instrucciones:

1. Parte el aguacate por la mitad y quitael hueso. Saca los trozos de aguacate con una cuchara y córtalos en rodajas. Exprime un poco de jugo de lima sobre el aguacate. Pela y corta el pepino en rodajas.
2. Combina la espinaca, el aguacate y el pepino en un plato. Sazona con sal marina.
3. Fríe el ajo y el chile en aceite. Agrega los camarones y fríelos por cada lado durante unos minutos si están

crudos. Los camarones precocidos solo deben calentarse rápidamente. Sal y pimienta al gusto.

4. Agrega los camarones sobre las verduras y espolvorea con nueces y cilantro.

5. Mezcla los ingredientes para el aderezo con una licuadora de inmersión y vierte sobre la ensalada.

# Ensalada de olivieh baja en carbohidratos

Porciones: 12
Carbohidratos netos:7 g 5%
Proteína: 23 g 14%
Grasa: 57 g 81%
Total: 11 g
Calorías: 641

Ingredientes:

Ensalada:

- 1 1/4 lb colinabo, pelado y cortado en cubitos
- 1 1/4 lb mayonesa
- 15 oz pepinillos encurtidos sin azúcar, cortados en cubitos
- 8 oz guisantes congelados, descongelados
- 3 1/2oz aceitunas verdes picadas
- 2 lb pollo rostizado, desmenuzado

- 10 huevos duros grandes, picados
- 1/4 de taza de jugo de limón
- 2 cdtas. pimienta de cayena
- Sal y pimienta negra molida, al gusto

Para adornar:

- 10 oz (1 1/2 tazas) de tomates
- 2 pepinillos encurtidos al eneldo sin azúcar, cortados en tercios
- 1 oz menta fresca, picada, más 1 ramita de menta
- 8 aceitunas verdes, en rodajas
- 2 cdas. aceite de oliva

Instrucciones:

1. Pon a hervir una olla de agua con sal, a fuego alto. Agrega el colinabo cortado en cubitos y hierve durante unos 20 minutos, o hasta que estén tiernos.
2. Agrega todos los ingredientes de la ensalada a un tazón grande y mezcla. Sazona con sal y pimienta al gusto.
3. Extiende la ensalada en una fuente grande y decora con los tomates en rodajas, el pepinillo en rodajas, la menta fresca y las aceitunas. Rocía con aceite de oliva.
4. Disfrútalo de inmediato o, para maximizar el sabor, refrigera durante 1 hora o durante la noche.

# Ensalada de arándanos y col rizada

Porciones: 6
Carbohidratos netos:2 g 7%
Proteína: 1 g 3%
Grasa: 13 g 90%
Total: 3 g
Calorías: 127

Ingredientes:

- 2 tazas de col rizada picada
- 1/8 cdta. sal
- 3 cdas. aceite de oliva
- 3 cdas. mayonesa
- 3 cdas. jugo de naranja
- 1 cda. ralladura de naranja
- 1/2 (2 oz) cebolla morada, rebanada

- 1/3 taza de arándanos frescos o semillas de granada
- 1/3 oz (1 1/5 cdas.) semillas de calabaza, tostadas y saladas

Instrucciones:

1. Agrega la col rizada, la sal y 1/3 del aceite de oliva en un tazón grande. Usa tus dedos para masajear la sal y el aceite en la col rizada. Reserva.

2. En un tazón pequeño, usa un batidor para mezclar los ingredientes del aderezo: mayonesa, aceite de oliva, jugo de naranja y ralladura hasta que quede cremoso y suave.

3. Aproximadamente 5-10 minutos antes de servir, agrega la cebolla, los arándanos y las semillas de calabaza al tazón con la col rizada y mezcla con el aderezo para ensaladas para combinar.

# Ensalada cetogénica de cuña

Porciones: 4
Carbohidratos netos:5 g 3%
Proteína: 33 g 21%
Grasa: 52 g 75%
Total: 6 g
Calorías: 633

Ingredientes:

Aderezo de queso azul:

- 1/3 taza de mayonesa

- 1/4 taza de crema agria

- 2 cdas. crema batida espesa

- 1 cda. jugo de limón
- 1/4 cdta. ajo en polvo
- 1/4 cdta. sal
- 2 oz queso azul, desmenuzado

Ensalada:

- 1/2 cabeza de lechuga iceberg
- 8 oz tocino, picado
- 1 (4 oz) tomate, picado
- 2 oz queso azul, desmenuzado
- 4 huevos grandes hervidos, picados

Instrucciones:

1. Bate los ingredientes para el aderezo, excepto el queso. Una vez que esté bien mezclado, agrega el queso azul desmenuzado y mezcla bien. Diluye con un poco de agua si lo prefieres. Deja enfriar hasta servir.
2. Fríe el tocino hasta que esté crujiente en una sartén grande a fuego medio-alto.
3. Enjuaga toda la cabeza de lechuga iceberg en agua fría y déjala escurrir. Seca el exterior con una toalla limpia.
4. Usa un cuchillo para cortar la cabeza de lechuga por la mitad. Para hacer cuatro porciones, corta la mitad de la cabeza en cuatro trozos para crear 4 gajos. Deja la otra mitad de la lechuga intacta para que se mantenga

fresca. Si vas a preparar una cantidad mayor o menor de porciones, corta las porciones en consecuencia.

5. Coloca cada cuña en un plato. Cubre con partes iguales de tocino, tomate picado, queso azul desmenuzado y huevo. Vierte el aderezo por encima, asegurándote de rociar el aderezo sobre toda la cuña. Sirve inmediatamente.

# Ensalada cetogénica de hamburguesa con queso

Porciones: 4
Carbohidratos netos:7 g 4%
Proteína: 42 g 21%
Grasa: 68 g 76%
Total: 10 g
Calorías: 818


Ingredientes:

Carne molida sazonada:

- 1 1/2 lb carne molida de res o pavo molida

- 2 cdas. mantequilla

- 2 cdtas. ajo en polvo

- 1 1/2cdta. sal

- 1/4cdta. pimienta negra molida

- 2 cdtas. semillas de sésamo tostadas (opcional)

Aderezo:

- 3/4 taza de mayonesa
- 1 cda. pasta de tomate
- 3 oz encurtidos, finamente picados
- 1/2 cda. mostaza amarilla o de Dijon
- 1 cdta. vinagre de vino blanco
- sal y pimienta negra molida al gusto

Ensalada:

- 4 oz (3 tazas) de lechuga, cortada en hojas de lechuga más pequeñas
- 1/2 (2 oz) de cebolla morada, rebanada
- 2 (8 oz) tomates, en rodajas
- 2 pepinillos enteros, cada uno cortado por la mitad a lo ancho, y luego cortado en 4 lanzas, por pepinillo
- 1 taza (4 oz) de queso cheddar, rallado

Instrucciones:

Carne molida sazonada:

1. En una sartén grande a fuego medio-alto, derrite la mantequilla.

2. Agrega la carne molida, la sal, la pimienta negra y el ajo en polvo a la sartén. Con una espátula, mezcla y desmenuza la carne con los condimentos, friendo hasta que se dore y se cocine durante unos 15 minutos.

Aderezo:

1. En un tazón pequeño, combina todos los ingredientes del aderezo y reserve.

Ensalada:

2. Prepara cada porción colocando capas en cada plato: comienza con lechuga, agrega los tomates, cubre con la carne, el queso, la cebolla morada y los pepinillos. Termina rociando el aderezo por encima.

# Ensalada cetogénica de tacos con aderezo de salsa y guacamole

Porciones: 4
Carbohidratos netos: 9 g 4%
Proteína: 46 g 21%
Grasa: 72 g 75%
Total: 18 g
Calorías: 899

Ingredientes:

Carne de taco:

- 2 cdas. aceite de oliva
- 1 3/4 lb carne picada o pavo molido
- 2 cdas. condimento para tacos (agrega más sal, si es necesario)
- 3/4 taza de agua

Guacamole:

- 2 (14 oz) aguacates maduros
- 2 dientes de ajo picados
- 1 cda. jugo de lima
- 2 cdas. cilantro fresco, finamente picado
- 1/2 ají rojo, sin semillas y finamente picado (opcional)
- Sal y pimienta negra molida al gusto

Aderezo de salsa cremoso:

- 1/2 taza de mayonesa
- 1/4 taza de salsa sin azúcar
- Sal y pimienta negra molida al gusto

Ensalada:

- 5 oz (4 tazas) lechuga en rodajas finas
- 5 oz pepino, cortado en cubitos
- 4 oz (2/3 taza) tomates, cortados en cubitos
- 2 oz (5 2/3 cdas.) cebollas rojas, rodajas finas

Servicio:

- 1/2 taza (2 oz) de queso mexicano, rallado
- 4 cdas. cilantro fresco
- 1 lima, gajos (opcional)

Instrucciones:

Carne de taco:

1. Calienta el aceite de oliva en una sartén grande a fuego medio-alto. Agrega la carne molida y usa una espátula para desmenuzarla. Revuelve ocasionalmente durante unos 10 minutos o hasta que esté bien cocido.

2. Espolvorea el condimento para tacos sobre la carne y revuelve hasta que se combinen. Agrega el agua y aumenta la temperatura a alta, llevando la mezcla a ebullición. Reduce la temperatura a media-baja y deja hervir a fuego lento durante 3-5 minutos, hasta que la mezcla espese. Cubre y mantén caliente a fuego lento. Mientras tanto, prepara el guacamole.

Guacamole:

1. Pela los aguacates y colócalos en un tazón mediano.

2. Agrega el ajo, el jugo de lima, el cilantro, el ají rojo, la sal y la pimienta. Tritura con un tenedor hasta que tenga una consistencia gruesa o suave, según tu preferencia. Reserva.

Aderezo de salsa:

1. En un tazón pequeño, agrega la mayonesa, la salsa, la sal y la pimienta. Mezcla hasta que se combinen. Reserva.

Ensalada de taco:

1. Coloca los ingredientes de la ensalada en un tazón grande para servir o en ensaladeras individuales.

2. Para servir, cubre la ensalada con carne de taco, queso, cilantro y rodajas de limón. Agrega una cda. guacamole y vierte el aderezo cremoso de salsa sobre la ensalada de tacos.

# Ensalada de remolacha amarilla con anchoas

Tiempo de preparación:10 minutos

Ingredientes:

- 7 1/2oz remolacha amarilla
- 2 oz anchoas
- 1/2 (2 oz) cebolla morada
- 1 taza de mayonesa o mayonesa vegana
- 2 lechugas tiernas
- Cebollino fresco

Instrucciones:

1. Corta finamente la remolacha amarilla cocida, las anchoas y la cebolla.

2. Mezcla con mayonesa en un bol.

3. Adorna con cebollino finamente picado.

4. Sirve en lechuga baby gem o endivias.

# Ensalada tibia de col rizada cetogénica

Porciones: 4
Carbohidratos netos:2 g 2%
Proteína: 9 g 8%
Grasa: 48 g 90%
Total: 5 g
Calorías: 477

Ingredientes:

- 3/4 taza de crema batida espesa
- 2 cdas. mayonesa o mayonesa vegana
- 1 cdta. mostaza de Dijon
- 2 cdas. aceite de oliva
- 1 diente de ajo, picado o finamente picado
- Sal y pimienta

- 2 oz manteca
- 8 oz col rizada
- 4 oz queso azul o queso feta

Instrucciones:

1. Mezcla la crema espesa, la mayonesa, la mostaza, el aceite de oliva y el ajo en un vaso pequeño. Sal y pimienta al gusto.

2. Enjuaga la col rizada y córtala en trozos pequeños del tamaño de un bocado. Retira y desecha el tallo grueso.

3. Calienta una sartén grande y agrega la mantequilla. Saltea la col rizada rápidamente para que adquiera un bonito color, pero nada más. Sal y pimienta al gusto.

4. Coloca en un bol y vierte encima el aderezo. Revuelve bien y sirve con queso azul desmenuzado u otro queso sabroso de tu elección.

# Ensalada en un tarro

Porciones: 1
Carbohidratos netos:11 g 5%
Proteína: 27 g 13%
Grasa: 76 g 82%
Total: 28 g
Calorías: 875

Ingredientes:

- 1 oz (1/2 taza) verduras de hoja verde
- 1/2 (1/4oz) cebollín, en rodajas
- 1 (2 1/4 oz) zanahoria
- 1 (7 oz) aguacate
- 1 oz pimientos rojos
- 1 oz tomates cherry
- 4 oz salmón ahumado o pollo rostizado

- 1/4 de taza de mayonesa o mayonesa vegana o aceite de oliva

Instrucciones:

1. Tritura o pica las verduras.
2. Primero, coloca las verduras de hojas verdes oscuras en el fondo del frasco.
3. Agrega la cebolleta, la zanahoria, el aguacate, los pimientos morrones y el tomate en capas.
4. Cubre con salmón ahumado o pollo a la parrilla.
5. Agrega mayonesa justo antes de servir.

# Ensalada cetogénica de pollo BLT

Porciones: 4
Carbohidratos netos: 4 g 2%
Proteína: 43 g 25%
Grasa: 56 g 73%
Total: 5 g
Calorías: 702

Ingredientes:

Mayonesa de ajo:

- 3/4 taza de mayonesa
- 1/2 cda. ajo en polvo

BLT:

- 8 oz tocino
- 1 oz mantequilla (opcional)
- 1 lb muslos de pollo deshuesados

- Sal y pimienta
- 10 oz lechuga romana
- 4 oz tomates cherry, en mitades

Instrucciones:

1. Mezcla la mayonesa y el ajo en polvo en un tazón pequeño y reserva.
2. Fríe las rodajas de tocino en mantequilla (si se usa) hasta que estén crujientes. Retira y mantén caliente. Guarda la grasa en la sartén.
3. Sazona el pollo con sal y pimienta y luego corta cada muslo en tercios. Fríe en la misma sartén que el tocino hasta que estén dorados y bien cocidos.
4. Enjuaga y pica la lechuga; asegúrate de usar una tabla de cortar y un cuchillo limpio (diferentes delos que se usan para manipular el pollo crudo).
5. Coloca la lechuga en un plato y cubre con pollo, tocino, tomates y mayonesa de ajo.

# Ensalada cetogénica de ternera asiática

Porciones: 2
Carbohidratos netos:8 g 4%
Proteína: 48 g 22%
Grasa: 72 g 74%
Total: 11 g
Calorías: 873

Ingredientes:

Mayonesa de sésamo:

- 1/3 taza de mayonesa
- 1 cdta. aceite de sésamo
- 1/2cda. jugo de lima
- Sal y pimienta

Carne de vaca:

- 1 cda. aceite de oliva
- 1 cda. salsa de pescado
- 1 cda. jengibre fresco rallado
- 1 cdta. hojuelas de chile
- 1 lb filetes de chuletón

Ensalada:

- 6 (3 1/2oz) tomates cherry, cortados por la mitad
- 2 oz pepino, picado en trozos pequeños
- 3 oz (21/3 tazas) lechuga, picada en trozos pequeños
- 1/2 (2 oz) cebolla morada, picada en trozos pequeños
- 1/2 taza (1/4oz) de cilantro fresco, picado
- 1 cdta. semillas de sésamo
- 2 (1 oz) cebolletas, picadas en trozos pequeños

Instrucciones:

1. Prepara la mayonesa de sésamo mezclando la mayonesa con el aceite de sésamo y el jugo de lima. Condimentar con sal y pimienta. Reserva.
2. Mezcla todos los ingredientes para la marinada de carne y vierte en una bolsa de plástico. Agrega la carne

y deja marinar por 15 minutos o más a temperatura ambiente.

3. Divide todas las verduras picadas, excepto las cebolletas, entre dos platos.

4. Calienta una sartén mediana a fuego medio. Agrega las semillas de sésamo a la sartén seca y tuéstalas durante un par de minutos o hasta que estén ligeramente doradas y fragantes. Reserva.

5. Seca la carne por ambos lados con toallas de papel. A fuego alto, dora durante uno o dos minutos de cada lado y luego reduce el fuego a medio bajo, cocina hasta que la carne esté mediana y luego transfiérala a una tabla de cortar.

6. Fríe las cebolletas durante un minuto en la misma sartén.

7. Corta la carne a lo largo del grano en rodajas finas. Coloca la carne y las cebolletas encima de las verduras.

8. Cubre con semillas de sésamo tostadas y sirve con una cda. mayonesa de sésamo a un lado.

# Ensalada de mariscos con aguacate

Porciones: 6
Carbohidratos netos:3 g 3%
Proteína: 27 g 26%
Grasa: 32 g 70%
Total: 6 g
Calorías: 423

Ingredientes:

Aderezo para ensaladas:

- 2 cdas. jugo de lima
- 1/2 taza de mayonesa
- 1/3 taza de crema agria
- 1 diente de ajo picado
- 1 cdta. sal
- 1/4 de taza (1 1/2oz) de cebollas rojas finamente picadas

- 1/4cdta. pimienta blanca

Ensalada de mariscos:

- 1 lb camarones cocidos, picados
- 1 lb salmón cocido, filetes deshuesados, trozos pequeños
- 2 1/2oz (6 1/3cdas.) tomates picados (opcional)
- 1 1/2oz pepino, sin semillas, finamente picado
- 1 (7 oz) aguacate, picado
- 2 cdas. albahaca fresca, cortada en rodajas grandes

Instrucciones:

1. En un tazón, combina el jugo de limón, la mayonesa, la crema agria, el ajo, la sal, la pimienta y la cebolla. Reserva.
2. En un tazón más grande, mezcla el salmón, los camarones, el aguacate, el pepino y el tomate.
3. Vierte el aderezo de mayonesa sobre los mariscos y las verduras y mezcla suavemente para combinar.
4. Deja enfriar 20-30 minutos antes de servir.

# Ensalada de pollo ceto venezolana

Porciones: 4
Carbohidratos netos:2 g 2%
Proteína: 28 g 26%
Grasa: 35 g 72%
Total: 9 g
Calorías: 451

Ingredientes:

- 1 lb pechugas de pollo
- 2 cdas. aceite de oliva, divididas
- 1 taza de agua
- 2 (14 oz) aguacates maduros, sin hueso y picados
- 1/2 taza (1/4oz) de cilantro fresco picado
- 4 cdas. mayonesa
- 1 1/2cdta. sal
- 1 cda. jugo de lima, el jugo

Instrucciones:

1. Sazona la pechuga de pollo con sal.

2. Calienta una sartén grande a fuego medio con la mitad del aceite de oliva. Cuando alcance la temperatura, agrega la pechuga de pollo y dora 5 minutos por cada lado. Agrega el agua a la sartén y pon una tapa hermética, déjala hervir a fuego lento durante unos 20 minutos o hasta que el agua se cocine.

3. Saca el pollo de la sartén y deshazlo. Déjalo enfriar antes de hacer la ensalada.

4. Para la ensalada, mezcla todos los ingredientes en un tazón grande hasta que estén bien combinados y cremosos.

5. Prueba y ajusta la sal según sea necesario.

# Ensalada cetogénica de coliflor y "papa"

Porciones: 6
Carbohidratos netos:5 g 4%
Proteína: 11 g 9%
Grasa: 50 g 87%
Total: 8 g
Calorías: 521

Ingredientes:

Ensalada de coliflor:

- 1 1/2 lb coliflor
- Sal y pimienta negra molida
- 1/2 taza de agua
- 5 oz tocino
- 3 (4 1/4oz) tallos de apio
- 1/2 (2 oz) cebolla morada

- 2 cdas. cebollino fresco

Aderezo:

- 1 1/2 tazas de mayonesa
- 3/4cda. mostaza de Dijon
- 3/4cda. vinagre de sidra
- 1 pizca de sal
- 1 pizca de pimienta negra molida

Instrucciones:

Ensalada de coliflor:

1. Precalienta la parrilla a fuego lento.
2. Pica la coliflor en trozos pequeños. Divide y coloca las piezas en dos hojas separadas de papel de aluminio en una capa plana. Condimenta con sal y pimienta.
3. Levanta los bordes del papel de aluminio para que cubra ligeramente la coliflor. Vierte 1/4 taza de agua en cada paquete de coliflor. Cubre con otro trozo de papel de aluminio y envuélvelo correctamente, asegúrate de que el agua no se escape. Asa durante 15-20 minutos por un lado, evitando el centro caliente y dejando espacio para el tocino.
4. Coloca las rodajas de tocino en una sartén para parrilla con bordes altos. Asa durante 10-15 minutos hasta que esté crujiente. Dales la vuelta a la mitad.

5. Pica los tallos de apio en trozos pequeños; pica finamente la cebolla y el cebollino.

6. Retira el tocino de la parrilla. Una vez enfriado, pica en trozos pequeños.

7. Retira la coliflor y desenvuelve con cuidado. Deja enfriar completamente. Una vez enfriado, agrega la coliflor en un tazón grande. Añade tocino, apio, cebolla y cebollino. Guarda algunas piezas para cubrir.

Aderezo:

1. En un tazón, combina la mayonesa, la mostaza y el vinagre de sidra. Condimenta con sal y pimienta. Revuelve hasta que esté combinado.

2. Vierte sobre la ensalada de coliflor y mezcla para combinar uniformemente. Cubre con tocino y cebollino.

# Ensalada cetogénica de atún con alcaparras

Porciones: 4
Carbohidratos netos:1 g 2%
Proteína: 8 g 12%
Grasa: 24 g 86%
Total: 2 g
Calorías: 254

Ingredientes:

- 4 oz atún en agua
- 1/2 taza de mayonesa o mayonesa vegana
- 2 cdas. queso crema
- 1 cda. alcaparras
- 1/2 (1 1/2oz) puerro, finamente picado
- 1/2cdta. hojuelas de chile

- Sal y pimienta

Instrucciones:

1. Deja escurrir el atún.

2. Mezcla todos los ingredientes, sazona con sal, pimienta y hojuelas de chile. ¡Y estás listo!

# Ensalada cetogénica de calabacín y nueces

Porciones: 4
Carbohidratos netos:7 g 5%
Proteína: 8 g 6%
Grasa: 58 g 90%
Total: 13 g
Calorías: 582

Ingredientes:

Aderezo:

- 2 cdas. aceite de oliva
- 3/4 taza de mayonesa o mayonesa vegana
- 2 cdtas. jugo de limón
- 1 diente de ajo finamente picado
- 1/2cdta. sal

- 1/4 cdta. chile en polvo

Ensalada:

- 1 lechuga romana
- 4 oz (5 2/3 tazas) lechuga rúcula
- 1/4 de taza de cebolletas o cebolletas frescas finamente picadas
- 2 (14 oz) calabacín
- 1 cda. aceite de oliva
- Sal y pimienta
- 1 taza (3 1/2 oz) de nueces o nueces picadas

Instrucciones:

1. En un tazón pequeño, mezcla todos los ingredientes para el aderezo. Reserva el aderezo para desarrollar el sabor mientras preparas la ensalada.
2. Pica la ensalada. Coloca la lechuga romana, la rúcula y el cebollino en un tazón grande.
3. Divide el calabacín a lo largo y saca las semillas. Corta las mitades de calabacín transversalmente en trozos de media in.
4. Calienta el aceite de oliva en una sartén a fuego medio, hasta que brille. Agrega el calabacín a la sartén y sazona con sal y pimienta. Saltea hasta que esté ligeramente dorado, pero aún firme.

5. Agrega el calabacín cocido a la ensalada y mezcla.

6. Asa las nueces brevemente en la misma sartén que el calabacín. Condimenta con sal y pimienta. Coloca las nueces en la ensalada y rocía con el aderezo para ensaladas.

# Ensalada de col roja oriental baja en carbohidratos

Porciones: 6
Carbohidratos netos:10 g 21%
Proteína: 3 g 5%
Grasa: 16 g 74%
Total: 14 g
Calorías: 194

Ingredientes:

- 2 lb col lombarda
- 4 oz manteca
- 1 cdta. sal
- 1/4cdta. pimienta negra molida

- 1 rama de canela
- 1 cda. vinagre de vino tinto
- 1 naranja, jugo y ralladura
- 2 cdas. eneldo fresco picado

Instrucciones:

1. Tritura finamente el repollo, idealmente con una cortadora de mandolina o en un procesador de alimentos.
2. Fríe en mantequilla a fuego medio-alto durante 10 a 15 minutos. Fríe el repollo lentamente hasta que esté suave y brillante, no demasiado marrón.
3. Sal y pimienta. Agrega canela, vinagre y jugo de naranja. Deja hervir a fuego lento durante 5-10 minutos.
4. Agrega la ralladura y el eneldo hacia el final o al servir.

# Pollo cocido a fuego lento con ensalada de brócoli

Porciones: 4
Carbohidratos netos:9 g 3%
Proteína: 65 g 22%
Grasa: 99 g 75%
Total: 13 g
Calorías: 1206

Ingredientes:

- 5 hojas de lima
- 1 cda. semilla de cilantro
- 1 cda. jengibre molido
- 1/2cdta. pimienta negra molida
- 1 taza de yogur griego u otro tipo de yogur con alto contenido de grasa
- 3 lb muslos de pollo
- 2 cdtas. sal

- 2 limones para servir (opcional)

Ensalada de brócoli:

- 1 lb brócoli
- 1 taza de mayonesa
- 1/2 taza (1/4oz) de cilantro fresco picado
- Sal y pimienta

Instrucciones:

1. Muele las especias y mezcla con el yogur. Sala el pollo y ponlo en una bolsa de plástico. Vierte la marinada de yogur y masajea el pollo.

2. Deja marinar (en el refrigerador) durante 2-3 horas o durante la noche. Si tienes prisa, deja marinar durante al menos 15 minutos a temperatura ambiente.

3. Coloca el pollo y la marinada en una olla de cocción lenta y cocina a fuego alto durante 2 horas o bajo durante 3 horas. Retira y deja enfriar. Puedes prepararte para este paso con un día de anticipación.

4. Prepara la parrilla y termina el pollo con una bonita superficie dorada, unos 5-10 minutos por cada lado, según el tamaño y el calor.

5. Si no tienes acceso a una parrilla, puedes dorar el pollo hervido en el horno usando la configuración del asador. Corta las limas por la mitad y fríe o asa junto con el pollo, con el lado cortado hacia abajo. Añade un sabor maravilloso.

# Ensalada de berenjenas a la plancha con mozzarella

Porciones: 4
Carbohidratos netos:10 g 7%
Proteína: 17 g 12%
Grasa: 51 g 81%
Total: 18 g
Calorías: 580

Ingredientes:

- 2 lb berenjena
- 1/3 taza de aceite de oliva, para untar la berenjena
- 1/3 taza de aceite de oliva, para el aderezo
- 1/2 limón, exprimido
- 2 dientes de ajo (opcional)
- 7 oz (1 taza) tomates

- 2 oz anchoas (opcional)
- 9 oz (2 1/3 tazas) queso mozzarella fresco, escurrido
- 1/4 de taza de menta fresca
- Sal y pimienta

Instrucciones:

1. Corta la berenjena a lo largo y unta con aceite de oliva por ambos lados. Sazona con sal.
2. Asa durante 5 minutos o más de cada lado hasta que las rodajas hayan adquirido un color agradable y estén realmente suaves.
3. Mezcla aceite de oliva, jugo de limón y ajo recién picado.
4. Vierte el aderezo en una fuente y coloca las rodajas de berenjena encima para remojar en el aderezo. Dar la vuelta después de aproximadamente 1 minuto.
5. Cortalos tomates en rodajas y agrégalos a la fuente. Si eres fanático de las anchoas, colócalas sobre las rodajas de berenjena. Corta la mozzarella fresca en trozos y colócalos encima. Sazona con pimienta negra recién molida y menta fresca antes de servir.

# Ensalada de brócoli con eneldo fresco

Porciones: 4
Carbohidratos netos:5 g 5%
Proteína: 4 g 4%
Grasa: 41 g 91%
Total: 8 g
Calorías: 412

Ingredientes:

- 1 lb brócoli
- 1 taza de mayonesa o mayonesa vegana
- 3/4 taza (1/4oz) de eneldo fresco
- Sal y pimienta negra molida al gusto

Instrucciones:

1. Corta el brócoli en floretes pequeños y los tallos en trozos aún más pequeños. Agrega los trozos de florete y los tallos al agua hirviendo con sal y deja hervir durante 4-5 minutos. El brócoli debe ser de color verde brillante y tierno al tenedor, pero aún crujiente.

2. Escurre el brócoli y agrega los demás ingredientes y revuelve. Añade pimienta y prueba. Ajusta con más sal, si es necesario.

# Ensalada sueca de camarones con eneldo

Porciones: 4
Carbohidratos netos:2 g 1%
Proteína: 14 g 11%
Grasa: 48 g 87%
Total: 2 g
Calorías: 493

Ingredientes:

- 10 oz camarones, pelados y cocidos
- 1 taza de mayonesa
- 1/4 taza de crema fresca o crema agria
- 2 cdas. eneldo fresco
- 2 oz huevas de pescado
- 2 cdtas. jugo de limón
- Sal y pimienta

Instrucciones:

1. Pica la mitad de los camarones en trozos grandes.

2. Combina la mayonesa y la crema fresca en un tazón.

3. Incorpora las gambas, el eneldo y las huevas. Guarda algunos para adornar, si lo deseas. Agrega jugo de limón, sal y pimienta y mezcla bien.

# Carne asada con ensalada de aguacate

Porciones: 4
Carbohidratos netos:12 g 6%
Proteína: 53 g 26%
Grasa: 62 g 68%
Total: 25 g
Calorías: 849

Ingredientes:

Carne asada:

- 2 limones, jugo
- 1 naranja, jugo
- 2 cdtas. sal
- 1 cdta. pimienta negra molida
- 1 cdta. comino molido

- 2 cdtas. hojas secas de cilantro (cilantro)
- 1 cdta. orégano seco
- 1 (4 oz) cebolla amarilla grande, cortada en cubitos
- 2 dientes de ajo picados
- 2 cdas. vinagre de sidra
- 1/4 taza de aceite de aguacate o aceite de oliva
- 2 lb filete de falda
- Cilantro fresco, para decorar

Ensalada de aguacate:

- 3 (11/3 lb) aguacates, en rodajas
- 1/2 (2 oz) cebolla morada grande, en rodajas finas
- 2 cdas. aceite de oliva
- 2 cdas. vinagre de sidra
- 1/4 cdta. sal gruesa

Instrucciones:

1. Exprime los limones y la naranja en un tazón grande o en una bolsa con cierre hermético. Agrega los condimentos, la cebolla, el ajo, el vinagre de sidra de manzana y el aceite de aguacate. Mezcla bien.
2. Coloca el bistec en la bolsa o tazón y mezcla para combinar con la marinada. Deja reposar en la marinada

a temperatura ambiente una hora antes de cocinar. Si lo marinas durante la noche para obtener el máximo sabor, colócalo en el refrigerador, volteándolo una vez.

3. Precalienta el horno a 500 °F (250 °C) para asar o prepara la parrilla.

4. Coloca una rejilla para enfriar sobre tu sartén y unta con grasa. Coloca la carne en la sartén (con la parrilla), directamente debajo del asador. Asa durante 9 minutos, voltea y asa otros 9 minutos.

5. Retira la carne del horno y colócala sobre una tabla de cortar para que repose durante 10 minutos.

6. Mientras reposa la carne, prepara la ensalada de aguacate. Pela y siembra el aguacate. Pon el lado cortado hacia abajo y corta el aguacate en rodajas finas.

7. Agrega el aguacate y la cebolla morada al bol. Rocía con aceite de oliva y vinagre de sidra de manzana. Espolvorea sal gruesa sobre la ensalada.

8. Corta el bistec contra la fibra en rodajas finas.

9. Sirve el filete con cilantro fresco y la ensalada de aguacate. ¡Disfruta!

# Ensalada saganaki con salsa de menta

Porciones: 6
Carbohidratos netos:4 g 8%
Proteína:11 g 20%
Grasa: 17 g 72%
Total: 5 g
Calorías: 209

Ingredientes:

- 10 oz queso saganaki o queso halloumi

Aderezo de menta:

- 1 taza de yogur griego

- 1/4 taza de menta fresca picada

- 2 cdas. aceite de oliva

- Sal y pimienta negra molida

Para servir:

- 2 oz (1 1/2 tazas) de lechuga
- 1 limón

Instrucciones:

1. Combina los ingredientes para la salsa de menta y reserva mientras preparas el resto.

2. Pon el queso saganaki en una sartén antiadherente calentada, sin mantequilla ni aceite. Fríe durante 2-3 minutos sin tocarlo. Los bordes se derriten rápidamente, lo cual es normal, así que aplica un poco de presión con una espátula para nivelarlos antes de voltearlos.

3. Dale la vuelta y fríe el otro lado durante 2-3 minutos, hasta que adquiera un bonito color marrón dorado. Retirasuavemente de la sartén y corta en trozos.

4. Sirve inmediatamente sobre una cama de lechuga con rodajas de limón y salsa de menta.

# Atún a la plancha con ensalada Raita

Porciones: 4
Carbohidratos netos:8 g 9%
Proteína: 48 g 52%
Grasa: 16 g 39%
Total: 10 g
Calorías: 375

Ingredientes:

- 1 1/2 lb atún fresco
- 1 cda. aceite de oliva
- Sal y pimienta

Ensalada Raita:

- 1 1/2 lb pepino
- 1 1/4 tazas de yogur griego

- 2 cdas. menta fresca
- 1/2cdta. comino molido
- Sal y pimienta

Instrucciones:

1. Corta el pepino a lo largo y saca las semillas con una cuchara. Agrega sal y deja reposar por unos minutos.
2. Sécalo con toallas de papel y córtalo en rodajas de 1/2in (1 cm). Combina con el resto de los ingredientes de la ensalada y reserva hasta el momento de servir.
3. Corta el atún en filetes de 1"(2,5 cm). Agrega sal y pimienta por ambos lados y unta con aceite de oliva.
4. Asa o fríe a fuego alto durante unos 2 minutos por cada lado, dependiendo de su grosor. El atún se sirve mejor con un centro rosado, así que ten cuidado de no cocinarlo demasiado.
5. Sirve inmediatamente con la ensalada raita a un lado.

# Ensalada de espárragos baja en carbohidratos con nueces

Porciones: 4
Carbohidratos netos:5 g 5%
Proteína: 12 g 13%
Grasa: 34 g 82%
Total: 9 g
Calorías: 371

Ingredientes:

- 1/2 taza (1 3/4oz) de nueces picadas
- 11/10 lb espárragos verdes frescos
- 1 limón, ralladura y jugo
- 1 pizca de hojuelas de chile

- 1 cdta. sal
- 1/4 taza de aceite de aguacate
- 2 cdas. aceite de oliva extra virgen
- 1/2 taza de queso parmesano rallado
- 1/2oz menta fresca, para decorar

Instrucciones:

1. Precalienta el horno a 350° F (175° C).
2. Coloca las nueces en una bandeja para hornear y tuesta en el horno durante unos 10 minutos, o hasta que estén ligeramente doradas.
3. Mientras las nueces están en el horno, prepara los espárragos cortando los extremos inferiores, que son bastante fibrosos y duros.
4. Pon la ralladura de limón y el jugo en un bol. Agrega las hojuelas de chile picante, la sal, el aceite de aguacate y el aceite de oliva.
5. Agrega el queso parmesano y mezcla bien.
6. Agrega las rodajas de espárragos al bol junto con las nueces tostadas. Mezcla la ensalada suavemente pero bien con una espátula de goma.
7. Decora la ensalada con las hojas de menta y sirve de inmediato.

# Ensalada de espárragos, huevo y tocino

Porciones: 2
Carbohidratos netos: 6 g 4%
Proteína: 31 g 23%
Grasa: 44 g 73%
Total: 11 g
Calorías: 563

Ingredientes:

- 1 lb espárragos verdes, puntas recortadas
- 3 oz tocino, cocido crujiente y picado
- 4 huevos duros grandes, pelados y cortados por la mitad
- 2 cdas. aceite de aguacate o aceite de oliva
- 2 cdas. vinagre de vino tinto
- 1 cda. mostaza de Dijon

- 1 cda. grasa de tocino
- 1 diente de ajo picado
- 1 pizca de sal marina
- 1 pizca de hojuelas de chile rojo

Instrucciones:

1. Corta los espárragos en gajos de 1 a 2"(3-5 cm).
2. Pon a hervir una olla grande de agua con sal. Una vez que el agua empiece a hervir, echa los espárragos y deja hervir durante 3 a 4 minutos. Con una espumadera, retira los espárragos del agua hirviendo y transfiérelos a un baño de hielo para detener el proceso de cocción y fijar el color.
3. En un tazón pequeño, combina el aceite, el vinagre, la mostaza, la grasa de tocino, el ajo, la sal y las hojuelas de pimienta.
4. Coloca los espárragos en una fuente grande para servir. Espolvorea el tocino por encima y coloca los huevos duros. Rocía con la vinagreta. Sirve la vinagreta restante a un lado.

# Ensalada cetogénica de pollo con pesto y fideos de calabacín

Porciones: 4
Carbohidratos netos: 5 g 4%
Proteína: 36 g 32%
Grasa: 33 g 64%
Total: 6 g
Calorías: 467

Ingredientes:

- 1 1/3 lb muslos de pollo deshuesados
- 1/3 de taza (2 3/4oz) de pesto verde sin azúcar
- 5 oz tomates cherry, cortados por la mitad
- 4 oz queso feta, desmenuzado o en cubos
- 12 oz fideos de calabacín o calabacín
- 3 cdas. aceite de oliva

Instrucciones:

1. Coloca los muslos de pollo en una olla mediana y agrega agua fría hasta que el pollo esté cubierto.

2. Lleva a hervir. Luego, reduce el fuego a medio-bajo y cocina durante 15 minutos o hasta que el pollo esté bien cocido.

3. Saca el pollo del agua y tritúralo con dos tenedores. Reserva.

4. Mientras se cocina el pollo, convierte el calabacín en espiral y coloca los zoodles en un tazón grande para mezclar.

5. Vierte el pesto sobre los zoodles y mezcla con pinzas para cubrir completamente.

6. Agrega pollo desmenuzado, tomates y queso feta a los zoodles y mezcla suavemente con pinzas hasta que se combinen uniformemente. Rocía con aceite de oliva.

# Ensalada de pollo cajún con guacamole

Porciones: 2
Carbohidratos netos:16 g 9%
Proteína: 59 g 32%
Grasa: 49 g 60%
Total: 31 g
Calorías: 780

Ingredientes:

Mezcla de especias cajún:

- 4 cdtas. pimentón dulce en polvo
- 2 cdas. tomillo seco
- 2 dientes de ajo picados
- 1 pizca de pimienta de cayena
- 1 cda. aceite de oliva

Pollo:

- 1 lb pechugas de pollo
- 7 oz guisantes
- 2 (8 oz) tomates
- 3 cdas. aceite de oliva
- Sal y pimienta negra molida
- 1 (7 oz) aguacate
- 1 lima, el jugo
- 2 oz (2 3/4 tazas) de lechuga rúcula

Instrucciones:

1. En un tazón, mezcla todos los ingredientes para la mezcla de cajún, combina bien. Corta el pollo en tiras largas. Cubre con la mezcla de especias con el pollo y deja marinar durante al menos 5 minutos.
2. Pon a hervir el agua en una cacerola. Agrega los guisantes y cocina hasta que estén al dente. Escurre bien.
3. Corta en cuartos, quita el corazón y siembra los tomates. Corta los tomates en rodajas finas. Haz esto sobre un colador y guarda los jugos para la vinagreta.
4. Hacer una vinagreta con el jugo de tomate, 2/3 del aceite de oliva, sal y pimienta.

5. Corta por la mitad, deshuesa y pela el aguacate; pon la pulpa en un bol y agrega el jugo de limón. Sazona con sal y pimienta; tritúralo hasta que esté listo.

6. En una sartén a fuego medio, cocina el pollo en el resto del aceite de oliva durante 10 a 15 minutos, hasta que esté bien cocido.

7. Mezcla los tomates y los guisantes con la rúcula y colócalos en platos.

8. Divide el guacamole y las tiras de pollo entre los platos. Sirve la vinagreta por separado o con un chorrito encima, como desees.

# Ensalada cetogénica de atún y aguacate

Porciones: 4
Carbohidratos netos:7 g 4%
Proteína: 44 g 29%
Grasa: 45 g 67%
Total: 18 g
Calorías: 639

Ingredientes:

- 1 1/2 lb atún en agua
- 3 (11/3 libras) aguacates, cortados en ocho
- 3 oz pimientos rojos, en rodajas
- 2 oz (52/3cdas.) cebollas rojas, en rodajas
- 5 oz pepino, en cuartos
- 2 oz (9 cdas.) tallos de apio, cortados en cubitos
- 2 cdas. jugo de lima

- 1/3 taza de aceite de oliva
- Sal y pimienta al gusto

Instrucciones:

1. Escurre el atún. Usa un tenedor para desmenuzar el atún en un plato.

2. Corta el pimiento rojo y la cebolla roja en rodajas finas. Corta el pepino en cuartos, a lo largo, quita las semillas y corta en rodajas. Corta el apio por la mitad, a lo largo, y luego córtalo en trozos pequeños. A continuación, pela y deshuesa el aguacate y córtalo en octavos.

3. Coloca todos los ingredientes en capas en una fuente grande o en platos individuales.

4. Coloca el jugo de limón y el aceite de oliva en un frasco pequeño y agita bien para combinar. Rocía el aderezo sobre la ensalada y termina con sal y pimienta al gusto.

# Ensalada crujiente de coles de Bruselas con limón

Porciones: 4
Carbohidratos netos:9 g 8%
Proteína: 11 g 9%
Grasa: 45 g 84%
Total: 17 g
Calorías: 484

Ingredientes:

Mezcla picante de almendras y semillas:

- 1 cda. aceite de coco o aceite de oliva
- 1 cdta. pasta de chile
- 2 oz (6 1/3 cdas.) almendras
- 1 oz (3 1/3 cdas.) semillas de calabaza
- 1 oz (3 1/3 cdas.) semillas de girasol

- 1/2cdta. comino molido o semillas de hinojo trituradas
- 1 pizca de sal

Ensalada de coles de Bruselas:

- 1 lb coles de Bruselas
- 1/2 taza de aceite de oliva
- 1 limón, jugo y ralladura
- Sal y pimienta

Instrucciones:

1. Mezcla picante de almendras y semillas
2. Calienta el aceite en una sartén grande y agrega la pasta de chile.
3. Agrega las almendras y las semillas. Revuelve bien.
4. Sal y saltea por unos minutos más, pero presta mucha atención ya que las almendras y las semillas son muy sensibles al calor. El aceite debe estar lo suficientemente caliente para que se desarrollen los sabores de las especias, pero las almendras y las semillas no deben quemarse.
5. Deja enfriar y espolvorea sal al gusto.

Ensalada de coles de Bruselas:

6. Recorta y enjuaga las coles de Bruselas. Tritura en trozos grandes en un procesador de alimentos o con un cuchillo afilado. Coloca en una ensaladera.

7. Mezcla aceite de oliva, jugo/ralladura de limón, sal y pimienta. Vierte sobre las coles de Bruselas.

8. Deja marinar durante 10 minutos. Luego agrega la mezcla picante de almendras y semillas antes de servir.

# Ensalada de hinojo asado y guisantes de nieve

Porciones: 4
Carbohidratos netos: 8 g 19%
Proteína: 4 g 10%
Grasa: 12 g 71%
Total: 13 g
Calorías: 165

Ingredientes:

- 1 lb hinojo fresco
- 3 cdas. aceite de oliva
- Sal marina
- Pimienta negro
- 1 limón
- 2 cdas. semillas de calabaza o de girasol, tostadas

- 5 oz guisantes de nieve

Instrucciones:

1. Precalienta el horno a 450 °F (225 °C).

2. Corta los tallos y las hojas del hinojo. Luego corta el bulbo de hinojo en trozos pequeños. Dispón en una fuente para horno. Rocía aceite de oliva por encima. Sal y pimienta al gusto.

3. Corta el limón por la mitad y exprime el jugo y reserva para otra cosa. Corta la cáscara de limón en rodajas finas y colócalas alrededor del hinojo (el limón al horno le da un sabor delicioso, pero no tienes que comerlas si no quieres).

4. Horneadurante 20-30 minutos o hasta que el hinojo tenga un bonito color dorado.

5. Mientras se hornea el hinojo, coloca las semillas de calabaza en una sartén seca y tuesta a fuego medio durante unos minutos hasta que se doren, pero no se quemen.

6. Mezcla el hinojo tostado con los guisantes de nieve rallados y las semillas de calabaza tostadas secas. Coloca en un plato y sirve con pescado, pollo o carne.

# Ensalada cetogénica de aguacate, tocino y queso de cabra

Porciones: 4
Carbohidratos netos:4 g 2%
Proteína: 29 g 13%
Grasa: 87 g 86%
Total: 12 g
Calorías: 934

Ingredientes:

- 8 oz queso de cabra, tronco
- 5 oz tocino
- 2 (14 oz) aguacates, en rodajas
- 4 tazas (2 3/4oz) de lechuga rúcula
- 1/2 taza (1 3/4oz) de nueces

Aderezo:

- 1 cda. jugo de limón
- 1/2 taza de mayonesa o mayonesa vegana
- 1/4 taza de aceite de oliva
- Sal y pimienta

Instrucciones:

1. Precalienta el horno a 200 °C (400 °F). Cubra una fuente para hornear con papel pergamino.
2. Con un cuchillo afilado, corta el queso de cabra en rodajas redondas de 1/2"(1 cm) y colócalo en la fuente para hornear. Hornea en la rejilla superior durante unos 15-20 minutos, o hasta que esté dorado.
3. Mientras tanto, coloca el tocino en una sartén grande antiadherente. Fríe a fuego medio hasta que estén crujientes, volteando de vez en cuando.
4. Coloca las rodajas de aguacate encima de la rúcula. Agrega el tocino frito y el queso de cabra. Espolvorea nueces por encima y sirve con el aderezo.

Aderezo:

1. Agrega los ingredientes del aderezo a un recipiente para mezclar alto y estrecho. Usando una licuadora de inmersión, mezcla hasta que esté bien combinado.

# Ensalada cetogénica de atún con huevos duros

Porciones: 2
Carbohidratos netos:6 g 4%
Proteína: 33 g 22%
Grasa: 50 g 74%
Total: 10 g
Calorías: 614

Ingredientes:

- 4 oz (1 1/4 tazas) tallos de apio
- 2 (1 oz) cebolletas
- 5 oz atún en aceite de oliva
- 1/2 limón, ralladura y jugo
- 1/4 de taza de mayonesa
- 1 cdta. mostaza de Dijon
- 4 huevos

- 6 oz lechuga romana
- 4 oz tomates cherry
- 2 cdas. aceite de oliva
- Sal y pimienta

Instrucciones:

2. Pica finamente el apio y las cebolletas. Añade a un bol mediano junto con el atún, el limón, la mayonesa y la mostaza. Revuelve para combinar y sazona con sal y pimienta. Reserva.

3. Agrega los huevos a una cacerola y añade agua hasta que cubra los huevos. Lleva a ebullición y deja hervir a fuego lento durante 5-6 minutos (suave-medio) o de 8 a 10 minutos (hervido).

4. Coloca en agua helada inmediatamente cuando esté listo para que los huevos sean más fáciles de pelar. Divídelos en cuñas o mitades.

5. Coloca la mezcla de atún y los huevos sobre una cama de lechuga romana. Agrega los tomates y rocía aceite de oliva por encima. Sazona con sal y pimienta al gusto.

CPSIA information can be obtained
at www.ICGtesting.com
Printed in the USA
LVHW080738170621
690401LV00009B/602